BEI GRIN MACHT SICH IHR WISSEN BEZAHLT

Bibliografische Information der Deutschen Nationalbibliothek:

Die Deutsche Bibliothek verzeichnet diese Publikation in der Deutschen National-
bibliografie; detaillierte bibliografische Daten sind im Internet über http://dnb.d-
nb.de/ abrufbar.

Impressum:

Copyright © 2019 GRIN Verlag
Druck und Bindung: Books on Demand GmbH, Norderstedt Germany
ISBN: 9783668930629

Dieses Buch bei GRIN:

https://www.grin.com/document/464377

Elena Maier

Marketing in der Fitnessökonomie. Preismanagement, Strategische Analysemethoden und Corporate Identity

GRIN Verlag

Deutsche Hochschule für
Prävention und Gesundheitsmanagement
66123 Saarbrücken

Einsendeaufgabe

Fachmodul:	Marketing II
Studiengang:	Fitnessökonomie
Name, Vorname:	Maier, Elena
Semester:	**Wintersemester 2016**

Inhaltsverzeichnis

1 Preismanagement und Kooperationen

1.1 Preiselastizität der Nachfrage

Tab. 1: Berechnung der Preiselastizität der Nachfrage (eigene Darstellung)

Berechnung der Änderung der Menge in %:	2.700 Mitlieder = 100 % 1 Mitglied = 0,037 % 2.400 Mitglieder = 88,89 % Änderung der Menge in %: 88,89 % - 100 % = -11,11 %
Berechnung der Änderung des Preises in %:	40,90€ = 100 % 1,00 € = 2,44 % 45,90€ = 112,22 % Änderung des Preises in %: 112,22 % - 100 % = 12,22 %
Berechnung der Preiselastizität der Nachfrage:	(ε) = Änderung der Menge in % / Änderung des Preises in % (ε) = 11,11 % / 12,22 % = **0,91** ε **(0,91) < |1|** **-> unelastische Nachfrage**

Die Preiselastizität der Nachfrage ist unelastisch, da sie bei einem Wert von 0,91 liegt und damit kleiner als |1| ist. Um Implikationen für eine eventuelle Preiserhöhung abzuleiten, müssen zunächst einmal Faktoren für unelastische Nachfragen festgehalten werden: Je unelastischer die Nachfrage nach einem Produkt auf eine Änderung des Preises reagiert, umso mehr lohnt es sich als Anbieter, das Produkt oder die Dienstleistung zu einem hohen Preis anzubieten (Plünnecke & Schlaffke, 2018, S. 164). Für das Unternehmen X&Y Health GmbH lohnt es sich also, den Mitgliedspreis von 40,90 € auf 45,90 € zu erhöhen, da diese Preiserhöhung kaum Einfluss auf die Nachfrage hat.

1.2 Preisbildung

1.2.1 Anlässe der Preisbildung

Durch das starke Wachstum des deutschen Fitnessmarktes ist es wichtig, sich als Unternehmen strategisch sowie unternehmerisch zu positionieren. Wichtig dafür ist die Preisbildung, denn sie ist mitverantwortlich für Erfolg oder Misserfolg eines Unternehmens. Es gibt unterschiedliche Anlässe zur Preisbildung. Diese können sein: Produktinnovationen, -variationen und -differenzierungen; Markterschließungen; Kostenveränderungen; Konkurrenzreaktionen; Veränderungen des Absatzvolumens und Veränderungen des Marktvolumens (Meffert, Burmann & Kirchgeorg, 2015; zitiert nach Plünnecke & Schlaffke, 2018, S. 153-154).

Ziel der X&Y Health GmbH ist es, das Firmenwachstum anzutreiben. Mit dem Gedanken weitere Anlagen auf dem deutschen Fitness- und Gesundheitsmarkt zu etablieren, wird nach einer geeigneten Preisstruktur für Mitgliedschaften innerhalb der Clubs gesucht. Primärer Anlass zur Preisbildung ist also die Markterschließung. Mit dem Aufbau weiterer Anlagen in Deutschland soll sich das Unternehmen gegenüber seiner Konkurrenz durchsetzen und den Markt in Deutschland erschließen. Deshalb ist es wichtig, eine geeignete Preisstruktur zu wählen, um sich auch damit gegenüber den Konkurrenten durchzusetzen.

Anhand der Produkt-Markt-Matrix nach Ansoff lässt sich die Produkt- bzw. Leistungsstrategie eines Unternehmens ableiten. Unterschieden wird hierbei zwischen bestehenden und neuen Märkten und bestehenden und neuen Leistungen. Die Produkt-Markt-Matrix nach Ansoff wird im Folgenden dargestellt:

Tab. 2: Produkt-Markt-Matrix nach Ansoff (modifiziert nach Meffert et al., 2015; zitiert nach Plünnecke & Schlaffke, 2018, S. 48)

Leistungen \ Märkte	Bestehende	Neue
Bestehende	Marktdurchdringung - Marktbesetzung - Marktverdrängung	Marktentwicklung - Internationalisierung - Marktsegmentierung
Neue	Produktentwicklung - Produktinnovation - Produktdifferenzierung	Diversifikation - Vertikale - Horizontale - Laterale

Das Unternehmen X&Y Health GmbH will sich mit einer bestehenden Leistung (Anlagen im mittleren/hohen Preissegment mit hoher Service- und Dienstleistungsorientierung) auf einem bestehenden Markt (deutscher Fitness- und Gesundheitsmarkt) durchsetzen. Ziel ist es, den Marktanteil in Deutschland zu vergrößern. Dieses Ziel soll mittels der Produkt- und Leistungsstrategie der „Marktdurchdringung" erreicht werden. Der Markt soll mit weiteren Anlagen zunehmend besetzt werden und damit Konkurrenten verdrängt werden. Das Ziel des Unternehmens stimmt mit dem Ziel der Strategie „Marktdurchdringung" überein: Vergrößerung des Marktanteils.

1.2.2 Kostenorientierte Preisbildung

Im Folgenden wird der Mitgliedsbeitrag pro Monat (brutto) mittels des kostenorientierten Ansatzes auf Basis des Zuschlagverfahrens berechnet:

Fixkosten pro Monat = 650.000€ / 12 Monate = 54.166,67 €/Monat

Stückkosten = Variable Kosten + (fixe Kosten / Absatzmenge)

Stückkosten = 8,50 € + (54.166,67 € / 2.800) = 27,85 € (netto)

Gewinnzuschlag = 27,85 € x 0,15 = 4,18 €

Preis mit Gewinnaufschlag = 27,85 € + 4,18 € = 32,03 € (netto)

Preis mit Gewinnaufschlag brutto = 32,03 € + (32,03 € x 0,19) = 38,12 € (brutto)

Der Mitgliedsbeitrag pro Monat pro Mitglied liegt nach Berechnung mittels des kostenorientierten Ansatzes auf Basis des Zuschlagsverfahrens bei 38,12 € (brutto).

1.2.3 Konkurrenzorientierte Preisbildung

Im Marktgebiet der X&Y Health GmbH eröffnet ein gleich positionierter Konkurrent mit einem Mitgliedsbeitrag von 29,95 € (brutto) monatlich. Im Rahmen der konkurrenzorientierten Preisbildung kann wie folgt auf die neue Konkurrenzsituation reagiert werden:

1. Preisbildung durch Orientierung an den Marktpreisen:

   Unternehmen orientieren sich an den Preisen, die Mitbewerber für selbe Produkte oder Dienstleistungen verlangen. Man kann sich dabei sowohl am Branchenpreis, als auch am Preisführer orientieren (Schlaffke & Plünnecke, 2018, S. 171).

2. Preisbildung in öffentlichen Ausschreibungen:

   Wenn sich Unternehmen für Ausschreibungen bewerben, so setzen sie den Preis möglichst niedrig an, um ihre Konkurrenten zu unterbieten. Der Preis darf weder zu niedrig (evtl. Minusgeschäft) noch zu hoch (kein Zuschlag für die Ausschreibung) angesetzt werden (Schlaffke & Plünnecke, 2018, S. 171).

Die zweite Möglichkeit, die Preisbildung in öffentlichen Ausschreibungen, ist für die X&Y Health GmbH keine Option, da derzeit keine öffentlichen Ausschreibungen vorliegen. Die einzige Möglichkeit, die noch bleibt, ist die Orientierung an den Marktpreisen. Um sich gegen den gleich positionierten Konkurrenten durchzusetzen, muss für potentielle Kunden ein attraktives Angebot geschaffen werden. Dennoch sollte der Mitgliedsbeitrag so hoch sein, dass alle Kosten gedeckt werden und Gewinn erwirtschaftet wird.

Einstufige Deckungsbeitragsrechnung für einen Mitgliedsbeitrag von 38,12 €:

Mitgliedsbeitrag 38,12 € brutto = 32,03 € netto

	Umsatzerlöse (pro Monat)	2.800 x 32,03 € = 89.684 €
-	Variable Kosten (pro Monat)	2.800 x 8,50 € = 23.800 €
=	Deckungsbeitrag	65.884 €
-	Fixe Kosten (pro Monat)	54.166,67 €
=	Betriebsergebnis	11.717,33 €

Einstufige Deckungsbeitragsrechnung für einen Mitgliedsbeitrag von 29,95 €:

Mitgliedsbeitrag 29,95 € brutto = 25,17 €

	Umsatzerlöse (pro Monat)	2.800 x 25,17 € = 70.476 €
-	Variable Kosten (pro Monat)	2.800 x 8,50 € = 23.800 €
=	Deckungsbeitrag	46.676 €
-	Fixe Kosten (pro Monat)	54.166,67 €
=	Betriebsergebnis	-7490,67 €

Break-even-Point-Berechnung:

Preis Gewinnschwelle	= ((Absatz x variable Kosten) + Fixkosten) / Absatz
	= ((2.800 x 8,50 €) + 54.166,67 €) / 2.800
	= (23.800 € + 54.166,67 €) / 2.800
	= 77.966,67 € / 2.800
	= 27,85 €

Schlussfolgerung: Um alle Kosten zu decken, muss der Mitgliedsbeitrag bei 2.800 Mitgliedern bei 27,85 € netto liegen. Setzt die X&Y Health GmbH einen Mitgliedspreis von 29,95 € brutto (= 25,17 € netto) an, so würde sie am Ende jeden Monats ein negatives Betriebsergebnis erwirtschaften.

Demnach ist es nicht sinnvoll, den Mitgliedsbeitrag gleich hoch anzusetzen, wie der Konkurrent. Um alle Kosten am Ende eines Monats zu decken, muss der Mitgliedspreis bei 27,85 € netto (= 33,14 € brutto) liegen. Damit erwirtschaftet das Unternehmen aber noch keinen Gewinn. Deshalb muss der Mitgliedsbeitrag höher angesetzt werden. Berechnet man den Deckungsbeitrag mit einer Beitragshöhe von 38,12 € brutto (32,03 € netto), so erwirtschaftet das Unternehmen am Ende jeden Monats einen Gewinn von 11.717,33 €.

Reaktion auf die neue Konkurrenzsituation: Die X&Y Health GmbH legt sich auf einen Mitgliedsbeitrag von 38,12 € (brutto) fest. Damit liegt der Mitgliedsbeitrag bewusst höher als der, des Konkurrenten. Dies hat zwei Gründe:

1. Den Mitgliedsbeitrag gleich hoch anzusetzen, wie der Konkurrent, ist nicht möglich, da das Unternehmen sonst ein negatives Betriebsergebnis erwirtschaftet.

2. Die X&Y Health GmbH weist eine hohe Service- und Dienstleistungsqualität auf. Diese soll sich auch im Mitgliedsbeitrag wiederspiegeln. Durch einen Mitgliedsbeitrag von 38,12 € (brutto) siedelt sich das Unternehmen im mittleren bzw. hohen Preissegment an. Der Preis repräsentiert die hohe Qualität und spricht damit explizit Kunden an, die einen hohen Wert auf Fitness und Gesundheit legen.

2 Strategische Analysemethoden

2.1 Five-Forces-Modell

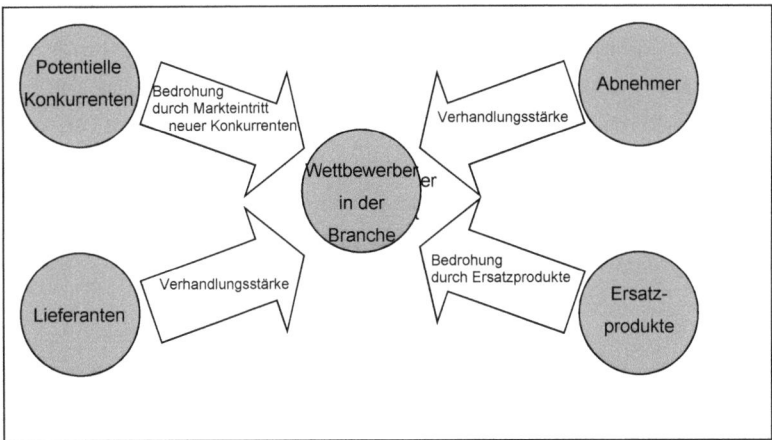

Abb. 1: Five-Forces-Modell der Branche nach Porter (modifiziert nach Porter, 2014, S. 25)

Abnehmer:

Freeletics zielt mit seinen Angeboten auf die breite Masse ab. Vom Einsteiger zum Fortgeschrittenen, von Trainings- bis hin zu Ernährungstipps und vom Verkauf von Kleidung bis hin zum Verkauf von Zubehör – Freeletics bietet ein „Rundum-Paket" an. Das große Angebot und die große Zahl an Abnehmern brachte das Unternehmen an die Marktspitze. Daher besteht so gut wie keine Verhandlungsstärke seitens der Abnehmer gegenüber dem großen Unternehmen.

Ersatzprodukte:

Durch das immer größer werdende Bewusstsein der Bevölkerung für Ihre Gesundheit besteht für das Unternehmen Freeletics die Gefahr, dass potenzielle Kunden immer mehr Wert auf individuelle und persönliche eins-zu-eins-Betreuung legen. Vor allem für Kunden, die gesundheitlich vorbelastet sind, bietet das Unternehmen kein spezifisches Angebot an. Die Gefahr für Freeletics besteht also konkret darin, dass gesundheitsorientierte und/oder gesundheitlich vorbelastete Personen eher den Weg in ein Gesundheitsstudio aufsuchen, als sich anonym im Internet von einer App „beraten" zu lassen. Diese recht hohe Bedrohung ist vor allem nicht zu vernachlässigen, da nicht auszuschließen ist, dass das gesundheitlich orientierte Training bald von den Krankenkassen mehr bezuschusst wird. Eine weitere große Bedrohung besteht in der hohen Markttransparenz im Fitness-Markt. Dadurch ist es für den Kunden ein Leichtes, ohne große Mühen und Kosten den Anbieter zu wechseln. Durch Aggregatoren können potenzielle Kunden die gesuchte Leistung schnell und einfach vergleichen. Dadurch steigt der Druck, sich gegenüber der Konkurrenz zu etablieren, damit diese nicht zu den Ersatzprodukten wechseln.

Potenzielle Konkurrenz:

Durch die ständige Gründung neuer Start-Ups sowie Fitness- und Ernährungs-Apps besteht eine recht hohe potenzielle Konkurrenz. Marken, die im digitalen Markt präsent sind, sind vergleichsweise einfach und mit geringem Aufwand zu gründen. Daher besteht jederzeit die Möglichkeit, dass ein neuer Konkurrent in den Markt eintritt. Dennoch muss sich diese potentielle Konkurrenz zunächst gegenüber der Marktposition und dem Angebot von Freeletics etablieren. Dies ist ein langwieriger und schwerer Prozess. Daher ist diese potenzielle Bedrohung zunächst relativ gering.

Lieferanten:

Um die Verhandlungsstärke der Zulieferer von Freeletics festzulegen, müssen diese zunächst einmal unterschieden werden: Zum einen bezieht Freeletics Artikel von Sportartikelherstellern für ihren Online-Shop. Zum anderen sind sie auf die Arbeit von IT-Spezialisten angewiesen, um ihren Online-Auftritt zu programmieren. Betrachtet man nun die Verhandlungsstärke der Sportartikelhersteller, so ist diese recht gering, da die Konkurrenz sehr groß ist und Freeletics ihre Artikel in einem anderen Unternehmen produzieren lassen kann. Betrachtet man die Verhandlungsstärke der Programmierer, so liegt die Verhandlungsstärke etwas höher, weil dafür Spezialisten gesucht sind. Dennoch ist die Verhandlungsstärke nicht sehr hoch, da es in Deutschland immer mehr Spezialisten in der IT-Branche gibt.

Rivalität der Wettbewerber in der Branche:

In der Fitnessbranche ist der Wettbewerbsdruck zwischen den verschiedenen Unternehmen sehr hoch. Es treten immer mehr Anbieter in den Markt ein. Dadurch steigt sowohl der Preis- als auch der Leistungsdruck. Durch diesen immer größer werdenden Druck innerhalb der Fitness-branche ist die Rivalität der Wettbewerber als hoch anzusehen. Sowohl im Preis- als auch im Leistungsangebot bieten sich die verschiedenen Fitness- und Sportanbieter ständige Konkur-renzkämpfe. Da sich Freeletics aber bereits sowohl preislich, als auch durch seine Leistungen gegenüber seinen Konkurrenten etabliert hat, ist die Rivalität der Wettbewerber keine Bedro-hung für den Unternehmenserfolg des Unternehmens.

2.2 Durchführung einer SWOT-Analyse

Stärken:	1. Große Produktpalette: Training, Nutrition und Freeletics Wear (Freeletics GmbH, 2019)
	2. Günstige Mitgliedschaft: Monatlicher Mitlgiedseitrag ab 4,32€ pro Woche (Freeletics GmbH, 2019)
	3. Training fast überall möglich: durch das Training per App, hauptsächlich mit dem eigenen Körper, kann das Training fast überall durchgeführt werden.
Schwächen:	1. Keine Trainer zur Korrektur: Durch das Training per App kann eine Fehlhaltung oder falsche Ausfüh-rung nicht korrigiert werden und kann zu Verletzungen führen.
	2. Irreführung durch Vorher-Nachher-Bilder und Transformationsvideos: Durch die Darstellung von Kör-per-Transformationen verschiedener Nutzer der Freeletics-App können potenzielle Kunden irregeführt werden. Durch das bloße Nutzen der App können derartige Transformationen nicht garantiert werden.
	3. Für Personen ohne Internetzugang nicht nutzbar.
Chancen:	1. Mehr Nutzer, da immer mehr Personen Smartphones und damit den Zugang zur App verfügen: Welt-weit nutzen über zwei Milliarden Menschen ein Smartphone, die Tendenz ist steigend (Markowetz, 2015, S. 9).
Chancen:	2. Gewinnung neuer Märkte: Einführung der App in weiteren Ländern.
	3. Wachsende Community: Durch den starken Zusammenhalt und dem Erfolg der bisherigen Community schließen sich immer mehr Personen an.
Risiken:	1. Steigendes Bewusstsein für Gesundheit: Verlust von Kunden an Gesundheitsstudios.
	2. Steigende Konkurrent: „Runtastic", „7 Min Workout", „Nike Run Club", „Nike Training Club".
	3. Gründung von Gratis-Fitnessstudios.

2.3 Erstellung einer SWOT-Matrix

Tab. 3: Darstellung der SWOT-Matrix für das Unternehmen Freeletics (eigene Darstellung)

SWOT-Matrix		Externe Analyse	
		Chancen (Opportunities)	Risiken (Threats)
Interne Analyse	Stärken (Strength)	SO-Strategien: 1. Erschließung neuer Märke auch in Ländern, deren Einwohner nicht besonders wohlhabend sind, durch den geringen Mitgliedspreis. 2. Erschließen neuer Märkte durch anpassen der Produktpalette an den Ansprüchen der verschiedenen Länder.	ST-Strategien: 1. Erweitern der Produktpalette mit einem Gesundheits-Angebot, abgestimmt auf das steigende Gesundheitsbewusstsein der Nutzer, um Verlust von Kunden an Gesundheitseinrichtungen zu verhindern. 2. Stetiges Erweitern und Anpassen der Leistungen an die Digitalisierung, um sich gegenüber der Konkurrenz durchzusetzen.
	Schwächen (Weaknesses)	WO-Strategien: 1. Community stärken und größeres Gemeinschaftsgefühl erwecken, um den Wechsel zu Gratis-Fitnessstudios zu verhindern. 2. Anbieten von Grundlagen-Workshops, sodass die Nutzer zuhause allein richtig trainieren können.	WT-Strategie: 1. Hohe Qualität der Anleitungen und Tipps garantieren, um die Attraktivität der Gratis-Fitnessstudios bzw. der eins-zu-eins-Betreuung durch Trainer gering zu halten. 2. Durch Vorher-Nachher-Bilder, die verbesserte Körperhaltungen darstellen, um auch Nutzer ansprechen, die gesundheitsorientiert trainieren möchten.

2.4 BCG-Portfolio und Produktlebenszyklus

Bei einer Portfolioanalyse werden die Ertrags- und Wachstumschancen bzw. die Risiken aller Produkte, Produktlinien oder strategischen Geschäftseinheiten untersucht. Ziel ist es, ein ausgewogenes Produktportfolio nach diesen Kriterien sicherzustellen (Dickgießer et al., 2011, S. 420). Die einzelnen Produkte werden anhand ihres Marktanteils in einen der vier Bereiche „Questionmarks", „Stars", „Cashcows" oder Poor Dogs" zugeordnet (Dickgießer et al., 2011, S. 560-561). Das BCG-Portfolio sieht wie folgt aus:

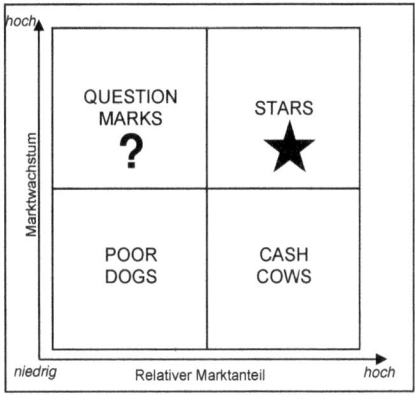

Abb. 2: Marktanteils-Marktwachstums-Portfolio von der Boston Consulting Group (modifiziert nach Dickgießer, Kornherr, Kühn & Schlick, 2011, S. 420)

Betrachtet man nun den Marktanteil und den Marktwachstum von Fitness-Apps, so stellt man fest, dass beide Aspekte aktuell sehr groß sind. Deshalb sind Fitness-Apps dem Bereich „Stars" zuzuordnen, da diese laut Dickgießer et al. (2011, S. 561) nicht nur einen hohen Marktanteil, sondern auch ein hohes Marktwachstum haben. Hohe Kosten, die sich aus dem hohen Marktwachstum ergeben, werden mit bereits hohen Umsatzerlösen bzw. einem hohen Cashflow gedeckt. Der Produktlebenszyklus stellt im Gegensatz zum BCG-Portfolio ein zeitbezogenes Marktreaktionsmodell dar. Der Fokus liegt dabei auf die anschauliche Darstellung des „Lebens und Sterbens" eines Produktes. Bei der Darstellung des Produktlebenszyklus werden fünf Phasen unterschieden: Einführung, Wachstum, Reife, Sättigung und Rückgang (Dickgießer et al., 2011, S. 358-359). In der Einführungsphase eines Produktes auf dem Markt werden zunächst nur geringe Umsätze verzeichnet. Das Produkt muss dem Käufer zuerst bekannt gemacht werden (Dickgießer et al., 2011, S. 359). Da die Freeletics GmbH bereits hohe Umsätze generiert und über einen hohen Bekanntheitsgrad verfügt, hat sie diese Phase bereits zurückgelegt. In der Wachstumsphase wird das Produkt zum Verkaufserfolg und generiert hohen Umsatz bzw. Gewinn. Immer mehr Nachahmer treten in den Markt ein, die ähnliche Produkte anbieten (Dickgießer et al., 2011, S. 359-360). Die Freeletics GmbH steckt aktuell in dieser Phase. Das Produkt ist ein Verkaufserfolg und generiert hohe Umsätze und Gewinne. Außerdem steigt auch die Zahl an Nachahmern auf dem Markt an. Der Unterschied zum idealtypischen Produktlebenszyklus liegt in der Einführung von neuen Produkten bereits in der Wachstumsphase. Noch während das Unternehmen Freeletics im Wachstum war, wurden neue Produkte, wie die App „Running Coach" oder die Einrichtung des Online-Shops, eingeführt. Dieser Schritt wird nach dem klassischen Modell erst in der Rückgangsphase durchgeführt (Dickgießer et al., 2011, S. 360).

2.5 Fazit

Abschließend lässt sich sagen, dass die Zukunft gute Erfolgsaussichten für die Freeletics GmbH birgt. Schon am Five-Forces-Modell nach Porter kann man erkennen, dass das Unternehmen zunächst nicht mit großer Konkurrenz und daraus folgendem kleineren Marktanteil bzw. Umsatz rechnen muss. Auch die SWOT-Matrix spricht dafür, dass das Unternehmen in der Zukunft seinen Marktanteil, die Kundenanzahl und die Umsätze vergrößern kann. Die Einordnung im Bereich „Star" im BCG-Portfolio spricht ebenfalls für ein hohes Marktwachstum mit hohen Umsatzerlösen und einem hohen Cashflow. Da sich das Produkt der Freeletics GmbH nach der Produktlebenszyklusanalyse noch im Marktwachstum befindet, kann das Unternehmen seine Stärken weiter ausbauen und sich somit gegenüber anderen Fitness-Apps etablieren.

3 Corporate Identity

3.1 Interview-Analyse

3.1.1 Überarbeitung der Corporate Identity bei Fitness First

1. Durch den Umbau und die Aufrüstung einiger Clubs soll ein neues, innovatives Clubkonzept entstehen. Damit wird sowohl auf eine neue Art und Weise nach außen kommuniziert als auch der Auftritt des Unternehmens verändert. Das bedeutet eine Überarbeitung im Bereich Corporate Communication (= Präsentation als innovativer Clus) als auch im Bereich Corporate Design (= Veränderung des Erscheinungsbildes).

2. Mit zusätzlicher Förderung der Mitarbeiter durch Zusatzqualifikationen soll den Kunden ein ausgezeichneter Service mit großem Know-How geboten werden. In der Fitness First Academy kann das Unternehmen innerbetrieblich Personal Trainer ausbilden und diese zu erschwinglichen Preisen für Einzel- oder Gruppentrainings anbieten. Dies bedeutet sowohl eine Überarbeitung im Bereich Corporate Communication (= qualifizierte Beratung durch Mitarbeiter) als auch im Bereich Corporate Behaviour (= qualifizierter Auftritt gegenüber Kunden).

3. Als erster Fitness-Anbieter Deutschlands wurde das Fitness-Workout „Bike & Beats" eingeführt. Damit positioniert sich Fitness First als innovativer Fitness Anbieter. Durch die

Einführung des Kurses wurde zum einen der Bereich Corporate Communication (= Präsentation als innovativer Anbieter) als auch der Bereich Corporate Behaviour (= Durchführung der neuen Kurse) überarbeitet.

4. Durch „Local Classes" kann jeder Club individuell auf die Anforderungen seiner Kunden reagieren. Das Angebot kann mit den Kunden abgestimmt und anschließend eingeführt werden (Corporate Communication und Corporate Behaviour).

5. Mit der neuen Workshop-Reihe „How tot rain" will sich Fitness First als Betreuungsexperte etablieren und damit sowohl die Kommunikation als auch das Verhalten mit dem Kunden verändern (Corporate Communication und Corporate Behaviour).

6. Mit der Änderung der Farben von Blau auf Rot und der Änderung des Logos ändert sich das Erscheinungsbild von Fitness First (Corporate Design).

3.1.2 Gründe für eine neue Ausrichtung der Corporate Identity

1. Neupositionierung eines Unternehmens: Aufgrund der Umweltgegebenheiten bzw. des Konkurrenzverhaltens kann es nötig sein, sich als Unternehmen neu zu positionieren. Die Ziele des Unternehmens können dabei unterschiedlich ausfallen (z.B. Erschließung eines neuen Marktes, Durchsetzung gegenüber Konkurrenten). Dieser Punkt trifft auch für Fitness First zu: Durch Umbau/Aufrüstung der Clubs, Förderung/Ausbildung der Mitarbeiter und Einführung neuer Kurs-Konzepte positioniert sich das Unternehmen neu gegenüber seinen Konkurrenten.

2. Unternehmensauftritt verbessern: Wirkt der Auftritt eines Unternehmens veraltet, so ist es hilfreich, die Corporate Identity zu überarbeiten, um ein neues Image aufzubauen. Auch im Fitness First hat dieser Schritt stattgefunden: Um vom eingestaubten Image wegzukommen, hat Fitness First seine Clubs sowohl optisch, als auch im Hinblick auf das Fitnessangebot modernisiert.

3. Kommunikation nach außen verbessern: Verliert ein Unternehmen die einheitliche Kommunikation nach außen (z.B. wenn jeder Club anders mit seinen Mitgliedern kommuniziert), so ist es hilfreich, die Corporate Communication zu überarbeiten. So kann wieder eine einheitliche Kommunikation zu den Mitarbeitern und Kunden geschaffen werden.

4. Wechsel der Markenstrategie: Verfolgt ein Unternehmen eine neue Markenstrategie (z.B. Einführung einer Eigenmarke oder Expansion ins Ausland und daraus folgende Einführung einer multinationalen Markenstrategie), sollte die Corporate Identity überarbeitet werden. Nicht nur die Struktur innerhalb des Unternehmens ändert sich, auch das Verhalten und die Kommunikation nach außen wandelt sich durch einen Wechsel der Markenstrategie. Um diesen Wechsel gezielt und organisiert durchführen zu können, ist eine Überarbeitung der Corporate Identity hilfreich.

3.1.3 Unternehmen/Marken, die ebenfalls eine Veränderung vorgenommen haben

1. Repositionierung bei Opel: Mit der Kampagne „Umparken im Kopf" im Jahr 2014 wurde das Unternehmen mit Hilfe von neuen Produkten, ansprechendem Design und klugem Marketing wiederbelebt (Reidel, 2015). In einem Interview ließ Tina Müller (CMO von Opel) verlauten, dass die Marke Menschen daran hinderte, die Autos zu kaufen. Mit der neuen Marketingkampagne wurde Opel ein neues Gesicht gegeben und das alte Image abgelegt (Reidel, 2015).

2. Repositionierung bei Lidl: Um seinen Konkurrenten Aldi zu überholen, versuchte Lidl im Jahr 2016 die Discounterklischees mit modernisierten Läden abzulegen. Läden wurden umgebaut und modernisiert und das Produktsortiment wurde erweitert/erneuert. Damit sollte die Einkaufsatmosphäre für Kunden weiterentwickelt werden, um damit auch wieder konsumbewusste Personen und Familien zurückzugewinnen (Schader, 2016).

3. Repositionierung bei Mercedes: Mit der Kampagne „#GrowUp" im Jahr 2017 versuchte das Unternehmen eine neue Zielgruppe (die jüngere Generation) zu erreichen. Dazu setzte das Unternehmen mehr als 100 Bewegtbildsequenzen und über 90 Lifestyle- und Produktbilder ein, auf denen auch verschiedene Influencer zu sehen waren. Mittelpunkt der Kampagne waren junge Erwachsene im Spannungsfeld zwischen coolem Erwachsenwerden und dem Spießertum. Die Kampagne sollte ein Verstoß der Marke in Richtung Modernität, Progressivität und Dynamik darstellen (Daimler AG, 2017).

4. Repositionierung bei Jägermeister: Mit der Kampagne „Superkühl -18°C" im Jahr 2018 präsentierte das Unternehmen sein neues Markendesign. Mit Postern in 30 deutschen Städten, YouTube Bumper Ads, 5 Eisplakaten (850kg schwere Eisblöcke, in denen Jägermeister verschlossen war) und Snapchat Lens das neue Erscheinungsbild den Kunden präsentiert (Mast-Jägermeister SE, 2018).

3.2 Marktstrategien

3.2.1 Wettbewerbsstrategien

Nach Kotler und Bliemel (2006, S. 138-140) lassen sich drei grundsätzliche Strategieansätze ableiten: die Kostenführerschaft, die Differenzierungsstrategie und die Nischenstrategie.

Ein typisches Beispiel für die Strategie Kostenführerschaft ist die Fitnesskette „McFit". Mit Preisen ab 4,90€ pro Monat und über 250 Studios europaweit (McFit Global Group GmbH, 2019) verfolgt das Unternehmen eine im Vergleich zum Wettbewerb niedrige Kostenstruktur und besitzt zugleich einen hohen Marktanteil. Außerdem wird eine auf den Markt ausgerichtete konsequente Niedrigpreisstrategie verfolgt. Diese Punkte sind die typischen Merkmale für die Strategie der Kostenführerschaft (Weis, 2012; zitiert nach Schlaffke & Plünnecke, 2018, S. 47).

Ein Beispiel für die Differenzierungsstrategie ist das Unternehmen Pfitzenmeier. Mit Anlagen in 12 verschiedenen Städten, einem Angebot von klassischen Workouts bis hin zu Spa & Wellness mit exklusivem Ambiente und Mitgliedspreisen ab 21,90 € pro Woche (Fitness Park Verwaltungs GmbH, 2019) versucht das Unternehmen eine einzigartige Leistung für die Fitness-Branche zu gestalten und dabei einen vergleichsweise hohen Preis zu erzielen. Diese Aspekte sind typisch für die Differenzierungsstrategie (Weis, 2012; zitiert nach Schlaffke & Plünnecke, 2018, S. 47).

Fitness First ist mit Mitgliedspreisen ab 30,15 € monatlich, mehreren Anlagen in 7 Städten und einem Angebot von vielfältigen Kursprogrammen, Wellness und einem Kidsclub weder konkret der Strategie der Kostenführerschaft noch der Differenzierungsstrategie zuzuordnen. Mit vergleichsweise niedrigen Preisen bietet Fitness First eine qualitativ hochwertige, innovative und vielfältige Produktpalette an. Damit verfolgt das Unternehmen die Nischenstrategie: hohe Qualität zu niedrigen Preisen. Oder besser gesagt: Qualitätsführerschaft und Kostenführerschaft zugleich. Anhand dieses Kriteriums lässt sich Fitness First eindeutig der Nischenstrategie zuordnen.

3.2.2 Strategien auf der Basis der Produkt-Markt-Matrix nach Ansoff, die Fitness First anwendet

Fitness First verfolgt sowohl die Strategien Marktdurchdringung und Produktentwicklung. Zum einen versucht das Unternehmen mit seiner Vielzahl an Fitnessanlagen einen möglichst großen Markt zu besetzen. Dies spricht für die Marktdurchdringung, da das Unternehmen mit bestehenden Leistungen bestehende Märkte erreichen möchte. Zum anderen versucht Fitness First durch Produktinnovationen (z.b. „Bike-Beats") und Produktdifferenzierungen (z.b. „Fitness First Academy") bestehende Märkte zu erobern. Dies Spricht für die Strategie der Produktentwicklung, da das Unternehmen mit neuen Leistungen bestehende Märkte erschließen möchte.

4 Digitalisierung der Fitness- und Gesundheitsbranche

Die Wettbewerbssituation in der Fitnessbranche hat sich durch die ständige Weiterentwicklung und die große Innovationskraft deutlich verschärft. Dies ist besonders in Deutschlands Hauptstadt Berlin zu bemerken. Mit 11,7 Anlagen pro 100.000 Einwohner sind die Fitnessstudios einem immens großen Konkurrenzkampf ausgesetzt. Das Fitnessstudio Kohl ist eine der betroffenen Anlagen, die besonders stark unter dem Konkurrenzkampf leiden.

Im Folgenden werden Vorschläge zur Umgestaltung von Fitnessstudios wie dem „Fitnessstudio Kohl" dargestellt:

Tab. 4: Vorschläge zur Umgestaltung und mögliche Risiken (eigene Darstellung)

Vorschläge zur Umgestaltung:	Risiken und Lösungsvorschläge:
Senkung des Mitgliedsbeitrags: Durch dies Senkung des Mitgliedsbeitrags kann das veraltete Trainingsequipment und die angebotene Leistung gerechtfertigt werden. So kann verhindert werden, dass Mitglieder das Studio wechseln, da sie den Preis für nicht gerechtfertigt halten.	Durch die Senkung des Mitgliedsbeitrags können die Kosten nicht mehr gedeckt werden. Nur durch eine genaue Kalkulation der erwarteten Kosten und des erwarteten Umsatzes kann eine Preissenkung durchgeführt werden.
Ersetzen des veralteten Fitness-Equipments: Gut 11 % der Deutschen nutzen inzwischen Apps für ihr Fitnesstraining (Deloitte, 2018). Deshalb ist es wichtig, diesen Trend auch in klassischen Fitnessstudios zu verfolgen. Mit Ersetzen der alten Trainingsgeräte durch moderne eGym-Geräte kann dieser Trend umgesetzt werden: Alle Trainingsgeräte (Kardiogeräte, Kraftgeräte, fle-xx Geräte, Wearables und Bodyanalyzer) können mit der eGym App gekoppelt werden. Mit dieser App kann das Fitnesstraining erfasst, geplant und analysiert werden. Es wird zwischen zwei Apps unterschieden: einer eGym Trainer App und einer eGym Mitglieder App. Dadurch kann die Trainingsplanung komfortabler und effizienter gesteuert werden (eGym GmbH, 2018). Dadurch entstehen für das das Fitnessstudio mehrere Vorteile: Die Trainingsgeräte sind hochmodern und auf dem neuesten Stand der Technologie; Mitglieder können ihr Training mittels Smartphone planen und analysieren und Trainer können effizienter und komfortabler arbeiten.	Personen (besonders Senioren) besitzen kein Smartphone und/oder kennen sich nicht mit der Technik aus: Besitzen Personen kein Smartphone und/oder kennen sich nicht mit Fitness-Apps (wie die eGym App) aus, so kann diesen Personen der Einstieg in das Fitnesstraining erschwert werden. Durch die Bereitstellung von Tablets im Fitnessstudio während des Trainings und Einweisung in deren Nutzung kann dieses Problem umgangen werden.
Anbieten von Zusatzleistungen wie Ernährungsberatung und Gesundheitschecks: Mit dem steigenden Bewusstsein für eine gesunde Lebensweise steigt auch die Nachfrage an Ernährungsberatung und Gesundheitschecks. Um ein attraktives Angebot für Mitglieder und potenzielle Kunden zu schaffen, ist es sinnvoll, sich als Fitnessstudio diesem Wandel anzupassen. Dadurch wird die Qualität der angebotenen Leistungen mehr geschätzt und die Mitgliederzufriedenheit wird erhöht.	In Deutschland spezialisieren sich immer mehr Unternehmen auf Ernährungsberatung und Körperanalysen. Daher besteht die Gefahr, dass Personen lieber einen Spezialisten aufsuchen, als zu einer Beratung im Fitnessstudio zu gehen. Durch ein Shop-in-Shop-System bzw. einer Kooperation kann diese Gefahr umgangen werden: Mitglieder erhalten eine Beratung durch einen Spezialisten im Fitnessstudio.
Kooperation mit einer Physiotherapiepraxis: Durch eine Kooperation mit einer Physiotherapiepraxis können positive Synergieeffekte entstehen: Zum einen können Mitglieder aus Patienten der Physiotherapiepraxis gewonnen werden, zum anderen steigt die Zufriedenheit der bisherigen Mitglieder, da sie bei Verletzungen professionellen Rat erhalten können.	Durch die hohe Anzahl an Mitgliedern kann die Wartezeit für einen Termin beim Physiotherapeuten sehr lang werden. Um die Mitglieder dennoch regelmäßig mit Informationen zu typischen körperlichen Beschwerden und hilfreichen Übungen für einen beschwerdefreien Alltag versorgen zu können, ist es sinnvoll Vorträge zu veranstalten, an denen Mitglieder kostenfrei teilnehmen können. Dadurch wird zum einen die Kundenzufriedenheit gesteigert sowie auch Professionalität nach außen vermittelt.

5 Literaturverzeichnis

Daimler AG. (2017). *„Grow up."* *Geschichten einer neuen Generation.* Zugriff am: 21.01.2019. Verfügbar unter: https://www.mercedes-benz.com/de/mercedes-benz/lifestyle/grow-up-geschichten-einer-neuen-generation/

Deloitte. (2018). *Deutschlands Fitnessmarkt in Bestform.* Zugriff am: 23.01.2019. Verfügbar unter: https://www2.deloitte.com/de/de/pages/presse/contents/studie-2018-deutschlandsfitnessmarkt-in-bestform.html

Dickgießer, H., Kornherr, T., Kühn, G. & Schlick, H. (2011). *Wirtschaftsprozesse im Groß- und Außenhandel.* Köln: Bildungsverlag EINS GmbH.

eGym Gmbh. (2018). *eGym Apps – Die perfekten Apps für Dein Workout.* Zugriff am: 23.01.2019. Verfügbar unter: https://egym.com/de/apps/

Fitness Park Verwaltungs GmbH. (2019). *Pfitzenmeier. Fitness since 1978.* Zugriff a,: 31.01.2019. Verfügbar unter: https://www.pfitzenmeier.de/mitgliedschaft/programme-und-tarife/premium-resorts-und-clubs,-medifit.html

Freeletics GmbH. (2019). *Werde fitter, definierter und starker mit dem Freeletics Coach. Spare jetzt 30%.* Zugriff am: 27.01.2019. Verfügbar unter: https://www.freeletics.com/ de/bodyweight/coach/get

Kotler, P. & Bliemel, F. (2006). *Marketing-Management. Analyse, Planung und Verwirklichung.* (10. überarbeitete und aktualisierte Aufl.). München: Pearson.

Markowetz, A. (2015). *Digitaler Burnout. Warum unsere permanente Smartphone-Nutzung gefährlich ist.* München: Verlagsgruppe Droemer Knaur.

Mast-Jägermeister SE. (2018). *Superkühl -18°C.* Zugriff am: 21.01.2019. Verfügbar unter: https://www.jagermeister.com/de-DE/superkuehl

McFit Global Group GmbH. (2019). *Jetzt Mitglied werden.* Zugriff am: 31.01.2019. Verfügbar unter: https://www.mcfit.com/de/stolzaufmich/?utm_source=SEA&utm_medium=Google&utm_campaign=JK2019_DE

Porter, M. (2014). *Wettbewerbsvorteile. Spitzenleistungen erreichen und behaupten.* (8. Aufl.). Frankfurt/New York: Campus Verlag.

Reidel, M. (2015). *„Wir wussten sofort, dass das ein Volltreffer ist".* Zugriff am: 21.01.2019. Verfügbar unter: https://www.horizont.net/marketing/nachrichten/Opel-Manager-zu-Umparken-im-Kopf-Wir-wussten-sofort-dass-das-ein-Volltreffer-ist-138005

Schader, P. (2016). *Ein Traum in Billig.* Zugriff am 21.01.2019. Verfügbar unter: https://www.zeit.de/wirtschaft/unternehmen/2016-10/lidl-discounter-supermarkt-image-modernisierung.

Schlaffke W. & Plünnecke, A. (2018). *Studienbrief Marketing II* (Rev. 20.027.000). Saarbrücken: Deutsche Hochschule für Prävention und Gesundheitsmanagement.

6 Abbildungs- und Tabellenverzeichnis

6.1 Abbildungsverzeichnis

6.2 Tabellenverzeichnis